Winter, Pötsch, Rieder, Ziegerhofer

E-Government-Projekte in Deutschland: BundOnline2005

Winter, Pötsch, Rieder, Ziegerhofer

E-Government-Projekte in Deutschland: BundOnline2005

GRIN Verlag

Bibliografische Information der Deutschen Nationalbibliothek: Die Deutsche Bibliothek verzeichnet diese Publikation in der Deutschen Nationalbibliografie; detaillierte bibliografische Daten sind im Internet über http://dnb.d-nb.de/ abrufbar.

1. Auflage 2001
Copyright © 2001 GRIN Verlag
http://www.grin.com/
Druck und Bindung: Books on Demand GmbH, Norderstedt Germany
ISBN 978-3-638-65468-5

PS aus E- & M-Commerce Management
Abteilung für Wirtschaftsinformatik

Wirtschaftsuniversität Wien
SS 2001

E-Government
Projekte in Deutschland

BundOnline 2005

Gruppe: Harald Pötsch,
          Robert Rieder,
          Robert Winter,
          Martin Ziegerhofer,

INHALTSVERZEICHNIS

ABBILDUNGSVERZEICHNIS

1   Einleitung

Der Einsatz moderner Informations- und Kommunikationstechnologie verändert Staat und Verwaltung nachhaltig. So wie Electronic Commerce (E-Commerce) die Abläufe und Strukturen im Bankwesen, im Handel, in der Versicherungswirtschaft und in vielen anderen Wirtschaftszweigen verändert, wird Electronic Government (E-Government) ein neues Dienstleistungsangebot des Staates ermöglichen. Bürgerinnen, Bürger und die Wirtschaft wollen staatliche Dienstleistungen schneller und unkomplizierter in Anspruch nehmen. Sie wollen mehr Transparenz der öffentlichen Verwaltung und die Pflichten, die ihnen der Staat auferlegt, einfach und unbürokratisch erfüllen.

Deshalb hat der deutsche Bundeskanzler Gerhard Schröder im September letzten Jahres die E-Government Initiative BundOnline 2005 ins Leben gerufen. Mit ihr verpflichtet sich die Deutsche Bundesregierung bis zum Jahr 2005 alle internetfähigen Dienstleistungen der Bundesverwaltung über ein Verwaltungsportal online bereitzustellen.

Außerdem sagte Bundeskanzler Schröder in seiner Rede auf der EXPO im September 2000 bei der Vorstellung des Programms "Internet für alle - Schritte auf dem Weg in die Informationsgesellschaft" folgendes:

„Dabei geht es nicht nur um erhebliche Einsparpotentiale, sondern um die Entwicklung vom "bevormundenden" zum "aktivierenden" Staat. Dabei gilt: Je besser die Behörden bestimmte Dienstleistungen online anbieten können, desto effizienter können sie sich um die wirklich beratungsbedürftigen Anliegen der Bürger auch persönlich kümmern." [1]

Bei zahlreichen Dienstleistungen der Bundesbehörden ist dies ein sehr ehrgeiziges Ziel, was zumeist nur in Zusammenarbeit mit den Ländern und Kommunen erreicht werden kann.

---

[1] http://www.bundonline2005.de/de/rede/index.html

Modernität erschöpft sich nicht darin, dass Verwaltung die Möglichkeiten der Informations- und Kommunikationstechnik als Dienstleister nutzt.

Das Internet-Zeitalter bietet auch neue Formen des Dialogs, der Kommunikation und Kooperation. Staat und Verwaltung müssen ihr Handeln so ausrichten, dass es der Bedeutung des Internet für den demokratischen Prozess gerecht wird. Dazu gehört die Möglichkeit über das Internet Wahlen auf Bundes-, Landes- und Kommunalebene abzuhalten, als auch einen besseren und schnelleren Zugang zur Verwaltungsinformation herzustellen. Transaktionen im Internet sind nur dann sinnvoll, wenn auch eine gewisse Sicherheit gewährleistet werden kann. Wenn wir die Risiken im Blick haben, können wir die Chancen der Informationstechnik nutzen. Ohne diese Sicherheit werden die Menschen den neuen technischen Möglichkeiten nicht vertrauen und sie auch nicht im entsprechenden Ausmaß nutzen. Garant für die Vertrauenswürdigkeit der Online-Transaktionen ist die digitale Signatur (siehe Kapitel 7.2). Die rechtlichen Voraussetzungen werden mit dem neuen Signaturgesetz geschaffen.

Der Staat muss bei der Implementierung aber auch auf diejenigen Rücksicht nehmen, die durch die Entwicklungen und den vermehrten Einsatz von Informationstechnologien überfordert sein könnten, etwa ältere Personen oder solche die nur geringe Kenntnis mit dem Umgang der neuen Technologien haben. Es gilt daher, die Portale einfach und übersichtlich zu gestalten und die Prozesse für jedermann nachvollziehbar zu machen.

Im Rahmen unserer Arbeit wird zuerst auf den Begriff „E-Government" ausführlich eingegangen, des weiteren werden Gründe für den Einsatz von E-Government genannt, wichtige Projekte auf Bundes-, Länder- und Kommunalebene behandelt, Sicherheitsaspekte inklusive Datenschutz näher beleuchtet und schließlich noch Ziele und Zukunftsperspektiven diskutiert.

2 E-Government

In den folgenden Kapiteln wird zuerst der Begriff des E-Government näher diskutiert und des weiteren werden Gründe für den Aufbau eines entsprechenden Portals näher behandelt.

2.1 Begriffsdefinition

Unter dem Begriff E-Government werden die staatlichen Maßnahmen auf allen Ebenen (Bund, Land und Gemeinde bzw. Kommune) verstanden, die zum einen das Ziel einer besseren Befriedigung der Bürgerbedürfnisse haben, zum anderen die Optimierung der internen Geschäftsprozesse der öffentlichen Verwaltung. Bei der Realisierung dieser Ziele soll der Einsatz der modernsten Technologie im Mittelpunkt stehen.

Schematisch könnte Electronic Government folgendermaßen aussehen[2]:

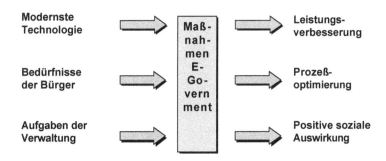

Abb. 1: Schema von E-Government Maßnahmen

Mit Electronic Government wird also eine neue Phase des Einsatzes von Informations- und Kommunikationstechnologien im Bereich Regierung und öffentliche Ver-

---

[2] http://www.wi1.wiso.uni-goettingen.de/pa/reco/kompetenz/

waltung eingeleitet. E-Government beinhaltet dabei die Geschäftsbeziehungen Verwaltung-Bürger und Verwaltung-Wirtschaft sowie den behördlichen Bereich selbst. Insbesondere durch die Transaktionsmöglichkeiten entsteht für die Kunden öffentlicher Verwaltungen, Bürger und Wirtschaftsunternehmen, ein deutlicher Mehrwert. Schnellere medienbruchfreie Bearbeitungen komplexer Geschäftsprozesse bedeuten häufig Zeitersparnis und Geldvorteile.

Es können Transaktionen innerhalb einer Behörde (Intranet), zwischen einzelnen Behörden (Extranet) oder über öffentliche und private Netzwerke (Internet) mit Bürgern oder Unternehmen abgewickelt werden.

Durchgängige verwaltungsinterne E-Government Lösungen über Hierarchieebenen und -grenzen hinweg bringen auch den öffentlichen Verwaltungen selbst deutliche Vorteile.[3]

Kennzeichnend für den Begriff E-Government ist also insbesondere die Einbeziehung von Internet-Technologien zur Kommunikation.

Unter dem Oberbegriff des Electronic Government lassen sich verschiedene Ausprägungen von Informationssystemen subsumieren[4]:

- Informationsangebote an den Bürger: Die Behörde stellt Information im Internet bereit. Dazu gehören Formulare zum Download, Öffnungszeiten der Ämter, Ansprechpartner etc.

- Bürgerservice mit Interaktionsangeboten: Hierbei kann der Kommunikationspartner auf elektronischem Wege flexibler agieren als heute per Papier. Ermöglicht wird dies durch qualifizierte Signaturen, die mittels einer von einer Zertifizierungsstelle ausgestellten Chipkarte digital erzeugt werden und juristisch der handschriftlichen Unterschrift gleichgestellt ist. Darüber hinaus wird der Kommunikationspartner direkt in den Prozessablauf der Verwaltung eingebunden, so dass automatisierte Verwaltungsverfahren ermöglicht werden.

- Abwicklung von Geschäftsprozessen im Rahmen der Verwaltung

---

[3] http://www.bayernonline.de/zeitung/20_2000/warten%20war.htm
[4] http://elsas.de/papers/e-gov.pdf

• Elektronische Wahlen: Die ersten drei genannten Erscheinungsformen lassen sich treffender durch die Bezeichnung Electronic Administration charak-
terisieren, da nur in der letzten Ausprägung „Elektronische Wahlen" das wesentliche Element einer Regierung, nämlich die Bestimmung durch das Volk,
repräsentiert wird.

Die nachfolgende Abbildung soll einen Überblick über die unterschiedlichen An-
wendungsmöglichkeiten des Einsatzes von E-Government Lösungen geben.

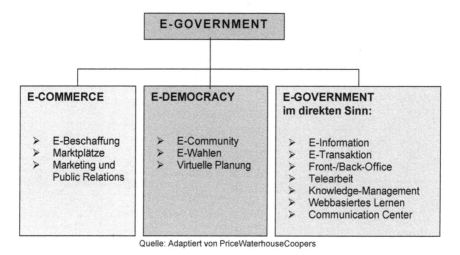

Quelle: Adaptiert von PriceWaterhouseCoopers

Abb. 2: Überblick über E-Government Möglichkeiten[5]

2.2 Gründe für den Aufbau von E-Government

Ein wesentlicher Grund für die Implementierung und den Einsatz von E-Government,
durch Angebot von Behördendiensten im Netz, kann vor allem in der enormen Kos-
teneinsparung und in kürzeren Wartezeiten gesehen werden.

---

[5] http://www.kgst.de/gutachten/inha0017.htm#
PriceWaterhouseCoopers, Helmut Mies, E-Government "Eine Modeerscheinung oder "digitale Revolu-
tion" und Zukunft der Städte?", Chemnitz im November 2000

Durch E-Government kann ein sogenannter „schlanker Staat" realisiert werden. Ziel des Einsatzes vernetzter Computer sind beschleunigte Prozesse, wobei der Bürger von kürzeren Wartezeiten profitieren soll und die Verwaltung selbst von schnelleren Kommunikationswegen Vorteile erlangen kann.

Über Online-Verbindungen lassen sich vielfältige Dienstleistungen der Behörden zeitsparend abwickeln, zum Beispiel die Bearbeitung der Steuererklärung oder die Vermittlung freier Arbeitsstellen. Als besonders zukunftsträchtiges Prinzip der Gestaltung von elektronischen Verwaltungsdienstleistungen erscheint das One-Stop-Service. Dies ermöglicht es Verwaltungskunden ein bestimmtes Anliegen, mit dem mehrere Dienststellen und/oder mehrere Verwaltungsebenen und/oder Dienstleister inhaltlich befasst sind, mittels elektronischer Unterstützung an einer Kontaktstelle abzuwickeln[6]. Dabei ist das Interesse an Transaktionsmöglichkeiten zur Reduzierung von Behördengängen am größten, denn schließlich sollen nicht die Bürger, sondern die Daten zum Amt laufen.

Die Hauptziele der Implementierung von E-Government liegen in der Vermeidung von Medienbrüchen, einer Beschleunigung der Verwaltungsverfahren und einer rund um die Uhr verfügbaren virtuellen Amtsstube.

Im folgenden sollen noch einmal die Gründe für den Einsatz von E-Government im Überblick dargestellt werden. Folgende Ziele können dadurch erreicht werden:

- Die Schaffung einer schlanken Verwaltungsstruktur.

- Die Verkürzung der internen Durchlaufzeiten bei der Bearbeitung von Sachverhalten.

- Die Möglichkeit, Formulare am Bildschirm auszufüllen und elektronisch zu übertragen.

---

[6] http://www.it-koo.bka.gv.at/schrift/allgem/e-gov/e-gov0.htm

- Die Kommunikation zwischen den verschiedenen Abteilungen kann vereinfacht werden.

- Ein schlanker und sparsamer Staat kann aufgebaut werden, ohne Einbußen beim Leistungsangebot.

- Mehr Transparenz. Die "E-Demokratie" kann in der Lage sein, eine durchschaubare Bürokratie zu verschaffen und damit für ein einfacheres und besseres Verständnis bei den Einzelnen zu sorgen.

- Die Aktivitäten des Staates können seitens der Bürger besser kontrollierbar und nachvollziehbar werden. Die verschaffte Transparenz sollte de facto die Kontrollierbarkeit der Staatsaktivitäten erhöhen.

- Die Reaktionsschnelligkeit und die Flexibilität der öffentlichen Hand kann erhöht werden.

Für die Erreichung dieser angestrebten Ziele müssen allerdings folgende Voraussetzungen erfüllt werden:

- Ein Paradigmenwechsel ist notwendig. Der Bürger sollte seitens des Staates nicht mehr nur als der Steuerzahler betrachtet werden. Vielmehr sollte sich zwischen ihm und dem Staat eine Kunden-Verkäufer-Beziehung entwickeln, wobei die Kundenzufriedenheit als oberstes Gebot gelten sollte. Unter diesen Voraussetzungen kann der Staat dann wieder einen Vertrauenszugewinn bei seinen Bürgern erreichen.

- Bessere und detailliertere Information über die Aktivitäten des öffentlichen Sektors sind eine wichtige Voraussetzung für mehr Transparenz.

- Eine vereinfachte Kommunikation zwischen den verschiedenen Abteilungen setzt einen horizontalen Informationsfluss innerhalb der staatlichen Behörden voraus.

- Die Ausstattung der öffentlichen Verwaltung mit modernen Technologien allein garantiert noch keinen Effizienzgewinn (sei es im Sinne von Produktivitätssteigerung oder Kostenersparnissen). Eine unabdingbare Voraussetzung hierfür ist die Fähigkeit, mit der Technologie auch richtig umzugehen.

3   E-Government Projekte in Deutschland

Nachfolgend werden die wichtigsten Projekte auf Bundesebene, die bereits vollständig oder nur teilweise umgesetzt wurden, für die unterschiedlichsten Zwecke
und Problemfelder, behandelt.

3.1   BundOnline 2005

Grundlage der E-Government Bestrebungen in Deutschland ist das Aktionspro-
gramm der Bundesregierung aus dem Jahr 1999. In diesem Strategiepapier wurde
neben bildungspolitischen (wie z.b. Erhöhung des Ausbildungspotentials für Infor-
mationstechniker) und technischen (beispielsweise der Ausbau eines deutschen
Forschungsnetzes) Forderungen auch das Ziel formuliert, einen breitenwirksameren
Einsatz der modernen Informations- und Kommunikationstechnologien in der öffentlichen Verwaltung zu realisieren[7]. Weiter konkretisiert wurde dies in der bereits erwähnten Rede des deutschen Bundeskanzlers am 18. September 2000, wo er das
Ziel setzte bis zum Jahr 2005 alle internetfähigen Dienstleistungen der Bundesverwaltung online verfügbar zu machen[8].

3.2   Online-Dienstleistungen

Auf die wichtigsten zehn Projekte auf Bundesebene, die entweder bereits abge-
schlossen sind oder sich noch in einer Testphase befinden, wollen wir in den folgenden nächsten Kapiteln näher eingehen und den aktuellen Stand der Realisierung
anführen.

---

[7] http://www.iid.de/aktionen/aktionsprogramm/kapitel1_2.html
[8] http://www.bundonline2005.de/bilanz/index.html

3.2.1 www.bund.de

Unter www.bund.de befindet sich das E-Government Portal der Bundesrepublik Deutschland. Auf diesem Portal sollen bis zum Jahr 2005 alle internetfähigen Dienstleistungen der Verwaltung online zur Verfügung gestellt werden.

Vorgesehen ist ein 3-Stufen-Programm, welches nachfolgend näher erklärt werden soll.

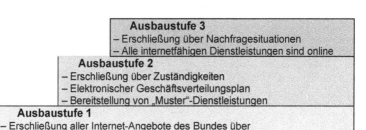

Quelle: http://www.staat-modern.de/infos/daten/Endfassung_260401.pdf

Abb. 3: Übersicht zum 3-Stufenplan für das Projekt BundOnline 2005

Die bereits verwirklichte **erste Ausbaustufe** präsentiert sich wie eine dem Nutzer vertraute Suchmaschine in der über ein Eingabefenster nach bestimmten Begriffen gesucht werden kann, weiters führt ein Menüsystem zum gewünschten Thema. Geboten wird vor allem ein umfassendes Basiswissen zum Aufbau der deutschen Demokratie und Verwaltung. Außerdem findet man sämtliche Anschriften, Telefonnummern, Email-Adressen und Internet-Adressen aller wichtigen deutschen Behörden.

In der **zweiten Ausbaustufe** sollen vor allem die Zuständigkeitsbereiche der Behörden besser abgebildet und klarer ersichtlich gemacht werden. So soll etwa auf Fragen wie, „Wo kann ich Subventionen für mein Gewerbe beantragen?" gezielt geantwortet werden können und falls vorhanden entsprechende elektronische Dienstleistungen angeboten werden.

Die **dritte Ausbaustufe** - welche bis 2005 realisiert werden soll - sieht vor, alle e-lektronischen Dienstleistungen für bestimmte Nachfragesituationen (entspricht Lebenslagen) zu bündeln. So sollen wie bei einem klassischen Internetportal die Services auf Internetseiten und den Systemen ihrer Anbieter (wie Behörden) bleiben. Das Portal findet, bündelt, erklärt und präsentiert sie lediglich.

Im internationalen Vergleich liegt die Bundesrepublik Deutschland mit ihrem E-Government Vorhaben im Mittelfeld. In einer im vergangenen Jahr von der Universität Amsterdam durchgeführten Studie belegt die Bundesrepublik den siebenten Platz im Ranking. Die besten Internetauftritte von Regierungen gibt es demnach in Schweden, Großbritannien, Kanada, den USA und Dänemark. In der Kategorie Informationen über Gesundheit und Soziales wurde das deutsche Portal sogar als bestes ausgezeichnet. Der deutsche Online-Auftritt zeichnet sich vor allem durch die umfangreiche Information zu Staat und Regierung aus, jedoch mangelt es an interaktiven Services, die den Gang auf Amt ersparen, und an einer „Zwei-Wege-Kommunikation", d.h. einem Angebot für Bürger sich mit Fragen an die Verwaltung zu wenden oder bestimmte Themen in öffentlichen Foren zu diskutieren[9].

3.2.2   Arbeitsamt online

Ähnlich dem Arbeitsmarktservice (AMS) in Österreich bietet Arbeitsamt Online ein umfangreiches Serviceangebot zur Arbeitsplatzvermittlung. „...das Stellen-Informations-Service (SIS) bietet mehr als 380.000 offene Stellen. Für Arbeitgeber werden im Arbeitgeber-Informations-Service (AIS) über 1,3 Millionen Bewerberangebote bereitgehalten. Das Ausbildungs-Stellen-Informations-Service (ASIS) bietet rund 200.000 betriebliche Ausbildungsplätze an und das Angebot KURS informiert über rund 390.000 schulische Aus- und Weiterbildungsangebote."[10]

Stand der Realisierung*: Voll funktionsfähig, mit einem Abfragevolumen von 200.000 pro Tag. Derzeit wird auch an eine mobile Umsetzung für WAP gedacht.*

---

[9] http://www.politik-digital.de/netzpolitik/egovernment/bund.int.shtml

[10] http://www.bund.de/Wir_fuer_Sie/Bund-Online_2005_-_Elektronische_Dienstleistungen-.5293.htm

3.2.3   BAföG online

Grundsätzlich handelt es sich bei BAföG (Bundesausbildungsförderungsgesetz; die Rechtsgrundlage für Stipendienbezug) um eine Art von Stipendium, das teilweise zurückgezahlt werden muss. Durch den Online-Service haben die Studenten bzw. die Rückzahler die Möglichkeit, ihre Anträge, Fragen und Wünsche zur Darlehens-bearbeitung auch online über das Internet zu klären. Gewährleistet wird dies da-durch, dass sämtliche Formulare online verfügbar sind und auch online ausgefüllt werden können. Ebenso gelangen alle Wünsche, Fragen und Anträge zur Bearbei-tung der Darlehensangelegenheit zum jeweils zuständigen Sachbearbeiter.

Stand der Realisierung: Das Service ist mittlerweile voll funktionsfähig und wird bereits von vielen Darlehensnehmern genützt.

3.2.4   Bestätigungsabfrage UI-Nummer

Im EU-Handel haben die Geschäftspartner zu überprüfen, ob der Handelspartner eine gültige Umsatzsteuer-Identifikationsnummer (kurz UI) besitzt, da sie nur dann sicher sein können, auch umsatzsteuerbefreit zu liefern. Mit dem Service des deut-schen Finanzministeriums kann der Exporteur online überprüfen, ob sein Handels-partner im „EU-Ausland" eine UI besitzt oder nicht.

Stand der Realisierung: Eine einfache Bestätigungsabfrage über das Internet ist in Deutschland schon seit 1998 möglich. Seit diesem Jahr ist auch eine WAP-Abfrage möglich. Derzeit erfolgen rund 15.000 Abfragen monatlich, die meisten davon jedoch via Internet. In Zukunft soll neben der Gültigkeit der Umsatzsteuer-Identifikationsnummer auch noch Name und Anschrift geprüft werden können.

3.2.5   STATISTIK-SHOP

Darunter versteht man die Möglichkeit sich Daten des Statistischen Bundesamts aus dem Internet herunterzuladen. Statistische Grundinformation ist in der Regel ge-

bührenfrei, gebührenpflichtige können mittels Kreditkarte auch online bezahlt werden.

Stand der Realisierung: Bis jetzt umfaßt das Produktangebot 50 bestellbare Print- und elektronische Offline-Veröffentlichungen (auf CD-ROM oder Diskette), sowie 120 elektronische Veröffentlichungen die zum Download bereitgestellt werden. Bis zum Jahr 2005 sollen dann alle Daten online verfügbar sein.

3.2.6 DEPATISnet

DEPATISnet (Deutsches Patentinformationssystem Network) bietet der Öffentlichkeit erstmals den schnellen und kostenlosen Zugriff auf sämtliche deutsche Patente. Darüber hinaus sind die Dokumente der Patentämter vieler anderer Staaten wie beispielsweise der USA, Japan und Großbritannien über die Website abrufbar. Beeindruckend ist vor allem der Umfang an Dokumenten den DEPATISnet anbietet. Weit über 70 Millionen Patentdokumente werden zur Verfügung gestellt.

Stand der Realisierung: Das System ist schon in Betrieb, eine Ausweitung auf individuelle Dienstleistungen (wie Online-Patentanmeldung) ist aber noch in Planung.

3.2.7 ELSTER

ELSTER (die Abkürzung für Elektronische Steuererklärung) ist ein Projekt zur Verwirklichung einer papierlosen Steuererklärung und eines papierlosen Steuerbescheides. Ein großer Vorteil des neuen Systems besteht im Wegfall von manueller Dateneingabe und Berechnung bestimmter steuerlicher Werte. Eine zusätzliche vereinfachte Form der Steuererklärung in schriftlicher Form ist jedoch weiterhin notwendig, da erst durch die Einführung der digitalen Signatur vollständige Rechtsicherheit gewährleistet ist.

Stand der Realisierung: Bisher realisiert wurden die elektronische Übermittlung der Einkommenssteuererklärung, die Lohnsteueranmeldung und die Umsatz-

*steuervoranmeldung. In der Pilotphase befinden sich die elektronische Gewerbe-
steuererklärung und die Umsatzsteuererklärung.*

3.2.8   PROFI

PROFI (Projektförderungsinformationssystem) ist ein Gemeinschaftsprojekt des
Bundesministeriums für Bildung und Forschung und des Bundesministeriums für
Wirtschaft und Technologie zur besseren Verwaltung von Fördermitteln. Bisher
wurden Projektdaten auf unterschiedliche Weise und von jeder Stelle einzeln ge-
speichert, was zu Medienbrüchen, mangelnder Aktualität und Qualität und hohen
Kosten führte. Ziel von PROFI ist es, Projektinformationen besser und effizienter in
einer gemeinsamen Datenbank zu verwalten und allen Beteiligten über ein Netzwerk
Zugang zu den Daten zu ermöglichen. Vorteile ergeben sich dadurch nicht nur für
die Behörde selbst, sondern auch für den Antragsteller, dessen Förderungsanträge
schneller bearbeitet werden können und er/sie rascher in den Genuss von Fördermitteln gelangt.

Stand der Realisierung: *Das Projekt ist bereits vollständig umgesetzt.*

3.2.9   Ausweisdokumente online

Das Projekt "DIGANT" (Digitales Pass- und Ausweismanagement) soll die Wartezeit für behördliche Dokumente erheblich verringern. Bisher beträgt die Wartezeit in
Deutschland für Personalausweis, Reisepass oder Führerschein bei Behörden
meist drei bis vier Wochen, durch eine Online-Bestellung der Kommune bei der
Staatsdruckerei soll diese Zeit drastisch verkürzt werden.

Stand der Realisierung: *Das Programm-Modul wird derzeit erst von zwölf Kommunen genutzt.*

3.2.10　Öffentliche Aufträge online

Es ist geplant, Aufträge des Bundes online abzuwickeln. Man erhofft sich durch die Verkürzung der Bearbeitungs- und Übermittlungszeiten und damit gesteigerter Effizienz ein enormes Einsparungspotential.

Stand der Realisierung: Das Projekt befindet sich erst in der Aufbauphase. Es ist geplant bis Ende 2001 einen Prototypen zu erstellen und diesen einzuführen.

4 E-Government Bemühungen auf Länderebene

Bei der Betrachtung der E-Government Bemühungen der deutschen Bundesländer sollte zwischen den freien Städten Berlin, Hamburg und Bremen (fallen zusätzlich unter die Kategorie „virtuelle Rathäuser", siehe unten) und den Freistaaten unterschieden werden.

Wie auf Bundesebene bieten die Portale umfangreich Information zu Institutionen und Verwaltungsaufbau, aktuelle Meldungen und Online-Auftritte der einzelnen Länderministerien. Die Portale sind nicht einheitlich gestaltet und in ihrer Aufmachung und auch im Umfang der angebotenen Leistungen recht unterschiedlich.

Nachfolgend werden drei Projekte, die für den jeweiligen Bereich richtungsweisend sein könnten, kurz beschrieben.

Einer der umfangreichsten Online-Auftritte wurde vom Freistaat Bayern implementiert. Eine wichtige Initiative der bayrischen Regierung ist es, einen virtuellen Marktplatz Bayern zu gestalten. „Der virtuelle Marktplatz Bayern soll vom Arzt über Rathaus, Banken, Versicherungen und Geschäften bis zur Freizeitgestaltung alle Angelegenheiten des täglichen Lebens online erreichbar machen. Der Nutzer erhält damit die Möglichkeit, unter einer einheitlichen Internet-Adresse sowohl Dienstleistungen von Behörden, als auch Informationen und sonstige - auch kommerzielle - Angebote geordnet vorzufinden. Dabei soll das Angebot personalisiert sein, d.h. der Nutzer gestaltet die Inhalte seines Portals nach seinen Bedürfnissen."[11] Das Projekt befindet sich bereits im fortgeschrittenen Stadium und soll im Laufe des Jahres fertiggestellt werden. Der virtuelle Marktplatz unter www.baynet.de bietet eine Gliederung nach geographischen Regionen, Lebenslagen und Marktplätzen (sowohl Services für Konsumenten als auch für Unternehmer).

Ein weiteres erwähnenswertes E-Government Projekt auf Landesebene ist der **Rheinland-Pfalz-Lotse**[12]. Dieses weniger aufwendige Projekt bietet eine sehr übersichtliche Umsetzung des Lebenslagenkonzeptes. Durch die Wahl der ge-

---

[11] http://www.bayern.de/Wirtschaftsstandort/Medien_und_IuK/IuK/BayernOnline/VirtuellerMarktplatz.htm
[12] http://193.159.161.49/index.htm

wünschten Lebenslage (z.B. Bildung) kommt man durch ein Menüsystem zum gewünschten Behördengang (z.B. Studienplatzvergabe). Dort wird kurz das Charakteristikum des Behördenganges erklärt, man erhält die notwendige Information zu den jeweiligen Ablaufschritten und wird auf die benötigten Behörden verwiesen.

Quelle: http://193.159.161.49/index.htm

Abb. 4: Portal des Rheinland-Pfalz-Lotsen

Im brandenburgischen Landesbetrieb für Datenverarbeitung und Statistik fand im Vorjahr erstmals eine simulierte Personalratswahl statt. Die Wahl wurde im Rahmen des „i-vote-Projektes" (ein bundesdeutsches Forschungsprogramm zur Realisierung von Online-Wahlen) durchgeführt. Für nächstes Jahr ist erstmals eine wirklich rechtsgültige Wahl des Personalrates via Internet in Planung. Wahlen im Internet stellen eine große Herausforderung dar, weil es einerseits fälschungssicher sein soll, andererseits soll die Anonymität des Wahlganges gewährleistet sein.[13]

---

[13] http://www.brandenburg.de/evoting/

Des weiteren zu erwähnen ist, dass es für jedes Bundesland einen eigenen Datenschutzbeauftragten gibt, der vor Datenmissbrauch in den Behörden schützt und den Beschwerden der Bürger nachgeht. Diese Beauftragten sind ebenfalls online erreichbar und besitzen eigene Websites.

5   E-Government auf kommunaler Ebene

Dieses Kapitel beschäftigt sich ausschließlich mit Online-Auftritten auf kommunaler Ebene und geht auch näher auf verschiedene durchgeführte und realisierte Projekte (beispielsweise Virtuelles Rathaus) in deutschen Städten ein.

5.1 Deutsche Städte und Kommunen online

Neben dem Bund und den Ländern gibt es in Deutschland auch zahlreiche E-Government Projekte der einzelnen Kommunen. Man spricht in diesem Zusammenhang auch von „virtuellen" oder „interaktiven" Rathäusern. Die Kosten für solch ein zusätzliches kommunales Vorhaben sind zwar hoch, aber das Betreiben neben Portalen des Bundes und der Länder ist deshalb sinnvoll, weil nur so die Realisierung eines aktuellen, vollständigen und bürgernahen E-Government Projektes möglich wird. Nachdem viele Städte und Gemeinden in den letzten Jahren mit Webinhalten wie Veranstaltungshinweisen, Stadtinformation und Behördenanschriften ihren Einzug ins Netz gefunden haben, sind die Stadtbehörden nun verstärkt bemüht diese Interaktivität des Netzes für mehr Bürger-Verwaltungs-Kommunikation zu nutzen um die Verwaltung effizienter und kostengünstiger zu gestalten. Laut einer Schätzung der deutschen Mummert + Partner Unternehmensberatung AG ließen sich Einsparungen in Milliardenhöhe realisieren, Einkaufspreise um 30 Prozent reduzieren und die Verwaltungskosten sogar um die Hälfte verringern.[14]

Der momentane Entwicklungs- und Planungsstand von E-Government auf kommunaler Ebene in Deutschland wird durch eine Studie des PSEPHOS Instituts für Wahlforschung und Sozialwissenschaft und der MMB Michel Medienforschung vom November 2000 im Auftrag der Bertelsmannstiftung ersichtlich. Man befragte an die 160 Oberbürgermeister von deutschen Städten mit mehr als 50.000 Einwohnern auf

---

[14] http://www.politik-digital.de/netzpolitik/egovernment/effiz_staat.shtml

telefonischem Wege. Laut dieser Studie planen derzeit 91 Prozent der deutschen Großstädte die Einführung von E-Government Systemen, 74 Prozent der deutschen Großstädte haben mit dem Aufbau eines virtuellen Rathauses bereits begonnen, 22 Prozent befinden sich noch in der Planungsphase.[15]

Auch die Ziele des E-Government auf kommunaler Ebene werden durch diese Studie aufgezeigt. Als grundlegende Visionen des virtuellen Rathauses wurden von den Befragten eine höhere Bürgerzufriedenheit und ein besserer Service für die Wirtschaft genannt. Mit einigem Abstand folgten eine höhere Wirtschaftlichkeit sowie die Effizienzsteigerung der Verwaltung. Als große Hindernisse auf dem Weg zum virtuellen Rathaus wurden finanzielle und personelle Probleme, sowie als Hauptproblem eine fehlende Strategie angegeben.

Um E-Government Projekte auf kommunaler Ebene zu forcieren, wurde vom Bundesministerium für Wirtschaft und Technologie der Städtewettbewerb Media@Komm[16] ins Leben gerufen. Von den 136 Wettbewerbsteilnehmern gingen die Konzepte von Bremen, dem Städteverbund Nürnberg und der Stadt Esslingen als Gewinner hervor. Die Aufgabe der Sieger ist es, Musterprojekte zu schaffen in denen innovative Anwendungen verwirklicht, technische Potentiale ausgenützt, wirtschaftliche Faktoren eingebunden, und rechtsverbindliche Dienstleistungen geschaffen werden. Die Projekte erhalten Fördermittel und sollen Modelle werden, die als Beispiel und Anregung für andere Städte dienen sollen.

Im nächsten Abschnitt soll das Konzept der Stadt Bremen etwas näher beschrieben werden.

5.2   Virtuelles Rathaus der Stadt Bremen

Durch den Gewinn des Wettbewerbes Media@Komm ist Bremen ein Pionier in Sachen „Virtuelles Rathaus" geworden und hat eine Vorreiterrolle bei der Einführung der Signaturkarte und bei der Umsetzung des sogenannten Lebenslagenkonzeptes eingenommen. So besitzt die Hansestadt Bremen neben schon weiter verbreiteten

---

[15] http://www.mmb-michel.de/egov.pdf

[16] http://www.mediakomm.net

Applikationen eines Stadtportals wie Schwarzen Brettern, Veranstaltungen, Stadtkarten, geographischer wie thematischer Themensuche, Bürgerforen, Behördenanschriften und virtuellem Marktplatz erste Anwendungen für die Signaturkarte. Ziel bei der Einführung der Signaturkarte war es, dies rasch und mit möglichst großem Zusatznutzen zu tun. Daher wählte man den Weg, die Signaturkarte nicht nur für Behördenzwecke zu nutzen, sondern auch die Funktionen einer herkömmlichen EC-Karte zu implementieren. So ist die momentane zweite Version der Signaturkarte auch schon als Geldkarte mit Quick-Funktion verwendbar. Mit der dritten Version soll die gesamte Funktion der EC-Karte übernommen werden. Die Gründe für diese Kooperationen liegen zum ersten darin, dass es durch Ressourcen-Sharing zur Kostenreduktion beiträgt. Ein weiterer wesentlicher Vorteil dieser Kooperation liegt darin, dass die Bürger schon an das vorhandene Vertrauen in die Geldkarte und Homebanking anknüpfen können. Außerdem sind Verwaltungsverfahren vielfach auch mit Zahlungsprozessen verbunden, womit die Bezahlfunktion der Karte zusätzlich genutzt werden kann.[17]

Ein weiterer Aspekt des Bremer Stadtportals ist die Umsetzung des Lebenslagenkonzeptes von Geschäftsprozessen öffentlicher und privater Dienstleister auf kommunaler Ebene. Dies soll durch eine konsequente Ausrichtung an den Bedürfnislagen der Bürger geschehen. So soll sich der Bürger nicht um Zuständigkeitsbereiche von Behörden kümmern müssen, sondern wird eine einzige Anlaufstelle vorfinden (One-Stop-Service), welche das Problem rasch und unbürokratisch lösen wird.

Bei einem Wohnungswechsel beispielsweise wäre nur eine zentrale Stelle zu informieren, die intern dann alle anderen involvierten Ämter (etwa Finanzamt oder Meldeamt) und Unternehmen (Post, Energieversorger etc.) mit den aktuellen Daten versorgt. Der Bürger erspart sich somit viele Behördenwege und kostbare Zeit die sonst für das Ausfüllen von teilweise unnötigen Formularen verwendet werden würde. Weitere „Lebenslagen" sind Heirat, Studium, Wechsel des Arbeitgebers oder Pensionsantritt.

Derzeit sind schon einige Signaturkarten-basierte Dienste online verfügbar (z.B. Bestellung einer Heiratsurkunde, Exmatrikulation vom Studium), zahlreiche andere

---

[17] http://infosoc.informatik.unibremen.de/internet/fgtk/OnlineInfos/diverse/pdf/egov_hamburg.pdf

befinden sich in der Umsetzungs- und Planungsphase. Die bis jetzt aus dem Projekt gewonnenen Erfahrungen können generell als kritische Erfolgsfaktoren von E-Government Systemen gesehen werden.

Kerstin Sprock schreibt in einem Artikel für den Media@Komm-Newsletter[18]:

- „Die Kosten für eine Signaturkarte sind zu hoch. Selbst wenn demnächst zahlreiche Online-Dienste verfügbar sind bleibt ungewiss, ob die bisherige Preispolitik der Trust-Center akzeptiert wird. Bis zum Ende der Projektlaufzeit können Bremerinnen und Bremer eine Signaturkarte für 10 DM (einmalige Schutzgebühr) und einen Kartenleser für 20 DM erhalten.

- Die Nutzerfreundlichkeit droht unter den sehr hohen Sicherheitsanforderungen zu leiden. Es bedarf intensiver Diskussion, welche Anwendungen welches Sicherheitsniveau erfordern. Sonst kommt es zu Systemen, die so sicher sind, dass selbst die umworbenen Nutzer abgeschreckt werden.

- Was elektronische Signaturen sind und wie sie funktionieren, ist nur wenigen Bürgern bekannt. Wirtschaft und Politik sind gleichermaßen gefordert, hier intensiv aufzuklären."

Verwirklicht wurde das gesamte Projekt der Stadt Bremen durch eine intensive Zusammenarbeit von Wissenschaft (die Universität Bremen ist am Projekt wesentlich beteiligt), Wirtschaft (eine Kombination von Geldkarte und Signaturkarte) und Politik.

---

[18] http://www.mediakomm.net/aktuell/newsletter032001.pdf

6   Sicherheitseinrichtungen

Um auch die öffentliche Verwaltung vor Attacken aus dem Internet zu schützen und Manipulationen vorzubeugen, ist es nötig bestimmte Sicherheitsvorkehrungen zu treffen, um vorbeugend Schutz bieten zu können und entsprechende Maßnahmen rechtzeitig einzuleiten.

6.1   Bundesamt für Sicherheit in der Informations-technik (BSI)

Im Bereich des E-Government bietet das Bundesamt für Sicherheit in der Informationstechnologie Unterstützung in konkreten Fragestellungen zur Informationssicherheit an. Es gibt unter anderem Handlungsempfehlungen für E-Government Projekte vor und unterstützt Projekte in Form von Coaching-Programmen und Sicherheitsrevisionen. Besonders das ehrgeizige Ziel, alle Bundesbehörden bis zum Jahr 2005 online zu haben, erfordert einen Leitfaden für die einzelnen Projektbetreiber, um eine Orientierung zur Realisierung eines einheitlichen Systems zu geben.

6.2   Inhalt des E-Government Handbuchs

Inhalt des Handbuchs sind Informationen, Musterlösungen und Empfehlungen im Rahmen des E-Government Projekts der deutschen Bundesregierung. Aber auch regionalen Behörden soll dieses Handbuch als Hilfestellung und Anregung für Lösungsansätze dienen.

Man darf sich das Handbuch in seiner momentanen Fassung nicht als reales Sachbuch mit einheitlicher Struktur vorstellen. Vielmehr ist es ein Zusammentragen von Texten, die von Personen verfasst wurden, die sich mit E-Government auseinandersetzen. Es erhebt keinen Anspruch auf Vollständigkeit und ist zum momentanen Zeitpunkt – wie gesagt – bloß eine lückenhafte Ansammlung von E-Government Gedanken. Trotzdem besteht schon eine konkrete Vorstellung vom endgültigen Do-

kument in Form eines Inhaltsverzeichnisses und das Endziel soll dann ein einheitliches, alle Aspekte des E-Government umfassendes Buch sein, das als Standardwerk in diesem Bereich gelten sollte. Die redaktionelle Betreuung dieses Handbuchs wird vom Bundesamt für Sicherheit und Informationstechnik wahrgenommen.

Aufgrund des – auch schon jetzt – beträchtlichen Umfangs des Werkes, soll unsere Arbeit nur einen kleinen, aber dennoch umfassenden Überblick über den derzeitigen Entwicklungsstand dieses Handbuchs geben. Die behandelten Themenbereiche entstanden auf Basis des Entwicklungsstandes des Handbuchs vom 14. Mai 2001.

6.3　Sicherheitsaspekte im E-Government

Die nachfolgenden Kapitel behandeln die Klassifikation von E-Government Verfahren und die Möglichkeiten, die zur Verfügung stehen, um einen sicheren Internet-Auftritt gewährleisten zu können.

6.3.1　Klassifikationsschema für E-Government Verfahren

Die Klassifikation von E-Government Verfahren erfolgt in zwei Dimensionen. Der Kundensicht und der IT-Sicht. Aus Kundensicht kann E-Government folgenden Nutzen erfüllen[19]:

- Informationsbeschaffung in Form von allgemein zugänglichen Informationen

- Allgemeine Dienstleistungen ohne Authentifizierungsbedarf

- Individuelle Dienstleistungen mit Kundenidentifizierung

Aus IT-Sicht kann E-Government folgendermaßen klassifiziert werden:

---

[19] http://www.bsi.de

- „Medienbruch": Verwaltungshandeln wird informationstechnisch unterstützt

- „Medienbruchfrei": E-Government Anwendung wird von Verwaltungshandeln unterstützt

- Automation: kein menschliches Eingreifen ist notwendig (insbesondere bei Verwaltungsakten, die keinen Ermessensspielraum zulassen)

Der Nutzen dieser Klassifikation liegt darin, dass Strategien und damit verbundene Entwicklungsschritte für die Realisierung von E-Government Projekten standardisiert formuliert werden können. Aber auch ein Benchmarking-System für die betroffenen Behörden kann so erstellt werden.

6.3.2   Sicherer Internet-Auftritt

Die Sicherheit des Internet Auftrittes wollen wir in den nachfolgenden Kapiteln nach Zugriffen auf Inhalte von externen Netzen und Inhaltszugriffen auf interne Netze unterscheiden und dementsprechend getrennt behandeln.

6.3.2.1   Zugriff auf Inhalte über ein externes Netz

In diesem Kapitel soll ein Leitfaden für den sicheren Auftritt einer Behörde im Internet gegeben werden. Es sind hier jeweils detaillierte Hardware- als auch Softwarelösungen angegeben, die in dieser Arbeit aufgrund ihrer Detailverliebtheit und des Umfangs, nicht näher angeführt werden. Vielmehr soll ein Überblick über mögliche Auftrittsformen gegeben werden.

Die sicherste, aber auch am wenigsten interaktive und flexible Technik, ist die des Betreibens eines Servers für den Internet-Auftritt, der nicht an das interne Datennetz angeschlossen ist. Hier werden die Inhalte der Internetseite über Datenträger von internen auf externe Server transportiert. Dadurch werden Angriffe auf das interne Netz der Behörde ausgeschlossen. Die Realisierung von aktiven Inhalten ist hier aber nicht möglich.

Eine etwas merkwürdig klingende Lösung ist die des „Inhouse-Betriebes" mit schreibgeschützten Datenträgern. Hier befindet sich das gesamte Serversystem und der Inhalt der Seiten beispielsweise auf CD-ROM. Technisch gesehen, ergeben sich durch das nicht Vorhandensein von Schreibspeichern allerdings einige Schwierigkeiten für die verwendete Software, auch der Zugriff auf CD-ROM ist um einen beträchtlichen Faktor langsamer als auf herkömmlich verwendete Speicher, wie etwa Festplatten.

Eine etwas fortschrittlichere Möglichkeit ist die des Web-Hostings durch einen Drittanbieter. Hier wird zwar die Sicherheitskompetenz externen Autoritäten überlassen, das interne Netz ist aber komplett von der Außenwelt abgekoppelt. Es kommen daher nur Partner mit hohen Qualitätsstandards in Sachen Sicherheit in Frage. Zur Kontrolle der Integrität der bereitgestellten Daten kann auch ein sogenannter „Watchdog" eingesetzt werden, der in unregelmäßigen abständen per Zufall Seiten auf deren Inhalt überprüft.

Ein Derivat der eben erwähnten Lösung ist die Verwendung des IP-Backbones des Informationsverbundes Bonn-Berlin. Hier werden Inhalte von Behörden auf hochsicheren Servern gesammelt und bereitgestellt. Die Behörden und Kunden haben keine aktiven Abfragemöglichkeiten, sondern es werden lediglich zu definierten Zeitpunkten Verbindungen zu Verwaltungsbehörden aufgebaut. Hier ist auch eine – wie zuvor – erwähnte Kombination mit Watchdog denkbar.

6.3.2.2   Zugriff auf ein internes Netz

Der nächste Schritt im Bereich von E-Government Lösungen ist der zu dynamischen Inhalten durch Verbindung mit dem internen Netz. Der Server befindet sich im Netz einer Behörde und wird durch eine Firewall geschützt. Die Auswahl des Sicherheitssystems ist hier der bestimmende Faktor. Es sollte alles, was nicht ausdrücklich erlaubt ist auch dezidiert verboten sein. Verschiedene, in der Netzwerkwelt bekannte Verfahren können hier zum Einsatz kommen, auf die in dieser Arbeit aber nicht näher eingegangen wird.

Eine weitere Möglichkeit stellt eine besonders geschützte Sicherheitszelle im Informationsverbund Bonn-Berlin dar, über die Behörden dynamische Inhalte realisieren können.

Bei all den Sicherheitsvorkehrungen für dynamische Inhalte sollte aber nie außer Acht gelassen werden, dass sich jede zusätzliche Sicherheitsstufe auf die Gesamtleistung des Systems auswirkt. Es sollte eine Balance zwischen Datentransferrate und Sicherheit gefunden werden. Es muss auch zweckmäßig von Projekt zu Projekt und auch innerhalb von Projekten entschieden werden, ob Inhalte überhaupt dynamisch sein müssen und ob man sich nicht in Teilbereichen aufwendige Sicherheitstechnologien ersparen könnte. Wie gesagt spielt hier auch die Geschwindigkeit der Datenströme und damit auch deren Aktualität eine große Rolle.

Anschließend wird noch die Unterscheidung und die Problematik von aktiven und dynamischen Inhalten beschrieben. Bei aktiven Inhalten handelt es sich um Programme, die vom Konsumenten der Internetseite auf seinen lokalen Rechner geladen werden. Sie bedeuten also ein Risiko für den Anwender. Dynamische Inhalte hingegen bergen ein Risiko für den Informationsanbieter, da dieser Zugriffe von der Außenwelt zu verarbeiten hat. Aber auch Programmfehler auf Anbieterseite können ganze Serververbunde zum Absturz bringen und bergen ein mögliches Gefahrenpotential in sich.

6.3.3   Netzplattform

Die Einrichtung von E-Government Plattformen verfolgt den Zweck, für den Bürger ein einheitliches und durchgängiges Verfahren für die Kommunikation von Behörden zu bieten. Der Bürger soll die Möglichkeit bekommen, mit einem Problembündel eine Anlaufstelle anzusprechen, die dann die Aufspaltung des Problemgebiets in Problemblöcke und sodann die Aufteilung auf die jeweils zuständigen Behörden selbst vornimmt.

Als Basis einer auf solche Art gebündelten Plattform muss ein breitbandiges und hochsicheres Datennetz dienen, das als Kommunikationsweg für diese Dienste

dient. Verfügbarkeit ist eine weitere Eigenschaft, die von einem solchen Netz gefordert wird. Das dieses Datennetz nicht das herkömmliche Internet sein kann, ist aus den zuvor genannten benötigten Eigenschaften verständlich.

6.3.3.1   Informationsverbund Berlin – Bonn (IVBB)

Aus dem oben genannten Grund wurde deshalb der Informationsverbund Berlin - Bonn gegründet. Basis dieses Leitungs- und Datenverbundes sind Standardtechnologien, die mit der Außenwelt kompatibel sind. Im Rahmen des Projektes TESTA wurden auch die Bundesländer und die ihnen unterstehenden Behörden an dieses Datennetz angeschlossen. Es wurde großer Wert darauf gelegt, das Netz nicht abhängig von Arbeitsbeziehungen (beispielsweise Streiks) zu machen und die Ausfallsicherheit durch redundante Systeme, die sich gegenseitig ersetzen können, zu gewährleisten.

Der interne Datenverkehr ist durch modernste Verschlüsselungstechnik gesichert, während jeder Kontakt zur Außenwelt mittels Firewalls geschützt ist.

Nutzer dieses Informationsverbundes sind vor allem die Mitglieder der juristischen Person „Bund", aber auch Dritte, wie beispielsweise unabhängige Behörden können unter Einhaltung eines normierten Genehmigungsverfahrens am Datenverbund teilnehmen.

6.3.4   Tools und Hilfsmittel

Ein Tool, das den UNIX-Administrator bei seiner Arbeit unterstützen soll, wäre beispielsweise USEIT. Es gibt Empfehlungen für die Behebung von Sicherheitsmängeln und spürt solche auch auf. Folgende Funktionen werden konkret von diesem Tool erfüllt:

- Zugriffsrechte kontrollieren

- Prüfsummen kontrollieren

- Prüfung der Integrität der Dateien zur Benutzerverwaltung

- Konfiguration kontrollieren

- Kontrolle der Aktivierung der geforderten Protokollmechanismen

- Sicherheitskritische Dienste ermitteln

- Überprüfung der Netz-Konfigurationsdateien auf unsichere Einträge

- Patch- und CERT-Prüfung

- Prüfen der Passwort-Stärke

- Sicherheitslücken durch Eindringversuche aufdecken

- Systeminformation über Prozesse, offene Dateien, Benutzer, Routing, Hardware und Software zusammenstellen

- Erzeugung von Prüfsummen

- Filtern der Meldungen von gelaufenen Prüfungen

- Anzeige von Hilfstexten zu UNIX-Sicherheitsthemen und USEIT selbst

6.3.5   IT-Grundsatzhandbuch

Das IT-Grundsatzhandbuch des Bundesamts für Sicherheit in der Informationstechnik (BSI) beschreibt allgemein anerkannte Standardsicherheitsmaßnahmen für typische IT-Einsatzbereiche. Für Verfahren im E-Government sollten diese Standardsicherheitsmaßnahmen berücksichtigt werden.

7   Allgemeiner Schutz der Daten

Daten dürfen im Rahmen von E-Government nicht an Dritte weitergegeben werden und müssen streng vertraulich behandelt werden. Dieser auch im allgemeinen E-Business geltende Grundsatz ist im Bereich des E-Government um so wichtiger anzusetzen, als hier hochsensible Bürgerinformationen wie Wohnsitz, Steueraufkommen, Haushaltseinkommen und viele andere Daten verwendet werden. Auch muss die Weiterverwendung von Informationen sowohl amtsintern als auch amtübergreifend gesetzlich geregelt werden. Sogenannte „Datenverknüpfungen" können einen erheblichen Eingriff in die grundrechtlich geschützte Privatsphäre des Bürgers bedeuten und können nicht ohne weiteres durchgeführt werden.

7.1   Allgemeine gesetzliche Grundlagen

Am 6. April 2001 wurde vom deutschen Bundestag zur Behandlung der meisten hier genannten Bereiche eine Novelle zum Bundesdatenschutzgesetz (BDSG) verabschiedet. Diese dient dazu, den deutschen Datenschutz an die EU-Datenschutzrichtlinie anzupassen. Ein weiterer Schritt zur Erlangung eines einheitlichen Sicherheitssystems auf Gesetzesebene wird die Erlassung eines Informationsfreiheitsgesetzes im Sommer 2001 sein. Beide Gesetze gelten sowohl für den öffentlichen als auch für den privaten Bereich.

7.2   Signaturgesetz

Einen weiteren Gesetzeskomplex bildet das Signaturgesetz, welches als Authentizitätsnachweis für Kommunikationstransaktionen im Internet und als Garant für die Unverfälschtheit von Daten dient. Es ist ebenfalls einer EU-Richtlinie angepasst und wird daher europaweit einheitlich angewandt. Das Signaturgesetz dient als Grundlage für verbindliche Rechtsgeschäfte im Netz und ist daher auch für den Bereich E-Government von großer Bedeutung. Es kennt drei Typen von Signaturen. Ungeregel-

te, qualifizierte und akkreditierte Signaturen spiegeln die verschiedenen Sicherheitsanforderungen an Internetkommunikation wider. Diese Signaturen haben die gleiche Wirkung wie schriftliche Rechtsgeschäfte und können auch als Beweismittel verwendet werden. Das Signaturgesetz gilt sowohl für den privaten, als auch den öffentlichen Bereich, wobei es dem öffentlichen Bereich offen steht, auch qualifizierte Signaturen für Kommunikationszwecke von Kommunikationspartnern anzufordern. Das Signaturgesetz bietet dabei nur die Grundlage für Kommunikationswege. Diverse Verwaltungsverfahrens- und Fachgesetze müssen diesem Gesetz und der EU-Richtlinie sowohl auf Landes-, als auch auf Bundesebene angepasst werden.

8 Zusammenfassung und Ausblick

Die Deutsche Bundesregierung hat sich mit ihrer Ambition alle internetfähigen Dienstleistungen bis zum Jahr 2005 online erreichbar zu machen einer großen Herausforderung gestellt. Ob das ehrgeizige Projekt gelingt bleibt abzuwarten, weiters stellt sich grundsätzlich die Frage was überhaupt „internetfähig" ist. Von einer wirklichen „Elektronischen Regierung bzw. Verwaltung" wird man erst dann sprechen können, wenn auch alle Länder und Kommunen ihrerseits online Dienste anbieten.

Wir haben in unserer Arbeit nach einer generellen Begriffsdefinition und den Gründen für eine Adaptierung der bisherigen Verwaltung in eine elektronische Verwaltung, einen Überblick über die bisherigen teilweise schon abgeschlossenen und teilweise noch im Aufbau befindlichen Projekten auf Bundesebene und auch auf Landes- und Kommunalebene, die sich im Aufbau beträchtlich unterscheiden, gegeben. Im Anschluss wurde auch noch ein ganz wichtiger Aspekt einer funktionierenden und vertrauenswürdigen öffentlichen Verwaltung, der Sicherheit der Daten innerhalb und außerhalb der Verwaltung und die Tools und Hilfsmittel um dieses Ziel zu erreichen behandelt. Für die Zukunft lassen sich noch weitere Meilenschritte zur Erreichung einer vollständig onlinefähigen öffentlichen Verwaltung erwarten, da sich diese Entwicklung erst in den Anfangsphasen befindet.

Die Vorteile von E-Government liegen auf der Hand: Einerseits erspart sich der Staat durch gesteigerte Effizienz in der Verwaltung enorme Kosten, andererseits profitiert davon der Bürger, der seinen Behördenweg von nun an von zu Hause und dies rund um die Uhr erledigen kann.

Das Projekt E-Government ist aber auch mit einigen Gefahren und Risiken verbunden. Eine sichere und rechtsichere Behörde ist ein absolutes Muss, wenn die Bürgerkommunikation zukünftig auf elektronischem Wege mittels Signaturkarte erfolgen soll.

Der Staat hat außerdem zu gewährleisten, dass die Gesellschaft in Zukunft nicht zu einer „Zweiklassengesellschaft" mit „Online-Bürgern" und „Nicht-Online-Bürgern" mutiert.

Betrachtet man die derzeitige Entwicklung des Internet, so scheint es augenscheinlich, dass sich auch der Staat dieser Entwicklung nicht entziehen kann. Das Internet und die „neue" Form der Kontaktaufnahme wird in Zukunft für die Gesellschaft von Selbstverständlichkeit sein. Wer aber dieses neue Medium verweigert, welches der Grund für einen steigenden Personalabbau sein kann, wird sich langfristig aber selbst ins Abseits stellen, wesentliche Wettbewerbsnachteile besitzen und sich unattraktiv und verstaubt darstellen.

Da die Bundesrepublik Deutschland die Zeichen der Zeit aber rechtzeitig erkannt hat, wird so eine Anpassung von der industriellen hin zur postindustriellen Informationsgesellschaft wesentlich erleichtert.

QUELLENVERZEICHNIS

1. http://www.staat-modern.de/infos/daten/Endfassung_260401.pdf, Abruf am 31.05.2001

2. http://www.bayernonline.de/zeitung/20_2000/warten%20war.htm, Abruf am 31.05.2001

3. http://www.iid.de/aktionen/aktionsprogramm/kapitel1_2.html, Abruf am 21.05.2001

4. http://www.bundonline2005.de/bilanz/index.html, Abruf am 21.05.2001

5. http://www.bundonline2005.de/de/rede/index.html, Abruf am 21.05.2001

6. http://www.bayernonline.de/zeitung/20_2000/warten%20war.htm, Abruf am 21.05.2001

7. http://elsas.de/papers/e-gov.pdf, Abruf am 30.05.2001

8. http://www.wi1.wiso.uni-goettingen.de/, Abruf am 31.05.2001

9. http://www.bsi.de/, Abruf am 30.05.2001

10. http://www.bund.de/Wir_fuer_Sie/Bund-Online_2005_-_Elektronische_Dienstleistungen-.5293.htm, Abruf am 19.05.2001

11. www.verwaltung-der-zukunft.de, Abruf am 19.05.2001

12. www.staat-modern.de, Abruf am 19.05.2001

13. http://www.golem.de/0104/13290.html, Abruf am 29.05.2001

14. http://www.it-koo.bka.gv.at/schrift/allgem/e-gov/e-gov0.htm, Abruf am 31.05.2001

15. http://www.lfd.niedersachsen.de/aktuelles/pressemitteilungen/tb99_00.html, Abruf am 25.05.2001

16. http://www.tse-hamburg.de/Papers/Internet/eGovernment/VirtuellesRathaus.html, Abruf am 26.05.2001

17. http://www.vop-online.de/bp/verwaltung/daten/egovernment.htm, Abruf am 26.05.2001

18. http://www.politik-digital.de, Abruf am 25.05.2001

19. http://www.hessischerlandkreistag.de/links/e%2Dgovernment.htm, Abruf am 31.05.2001

20. http://www.parlament.ch/E/EGovernment/nzz14042000_e.htm?servlet=get_content, Abruf am 27.05.2001

21. http://www.kommunalmagazin.ch/archiv/onlineschalt.htm, Abruf am 18.05.2001

22. http://www.www-kurs.de/e-government.htm, Abruf am 27.05.2001

23. http://www.pwcglobal.com/de/ger/about/press-rm/030700-2.html, Abruf am 27.05.2001

24. http://www.heise.de/ct/01/04/044/default.shtml, Abruf am 13.05.2001

25. www.heise.de, Abruf am 12.05.2001

26. http://www.kgst.de/gutachten/inha0017.htm#, Abruf am 12.06.2001

27. http://www.bayern.de/Wirtschaftsstandort/Medien_und_IuK/IuK/BayernOnline/Virt uellerMarktplatz.htm, Abruf am 07.06.2001

28. http://193.159.161.49/index.htm, Abruf am 07.06.2001

29. http://www.mmb-michel.de/egov.pdf, Abruf am 07.06.2001

30. http://infosoc.informatik.uni-bremen.de/internet/fgtk/OnlineInfos/diverse/pdf/egov_hamburg.pdf, Abruf 07.06.2001

31. http://www.brandenburg.de/evoting, Abruf am 18.06.2001

32. http://www.politik-digital.de/netzpolitik/egovernment/effiz_staat.shtml, Abruf am 18.06.2001

33. http://www.mmb-michel.de/egov.pdf, Abruf am 18.06.2001

34. http://www.mediakomm.net, Abruf am 18.06.2001

35. http://infosoc.informatik.unibremen.de/internet/fgtk/OnlineInfos/diverse/pdf/egov_hamburg.pdf, Abruf am 18.06.2001

36. http://www.mediakomm.net/aktuell/newsletter032001.pdf, Abruf am 18.06.2001